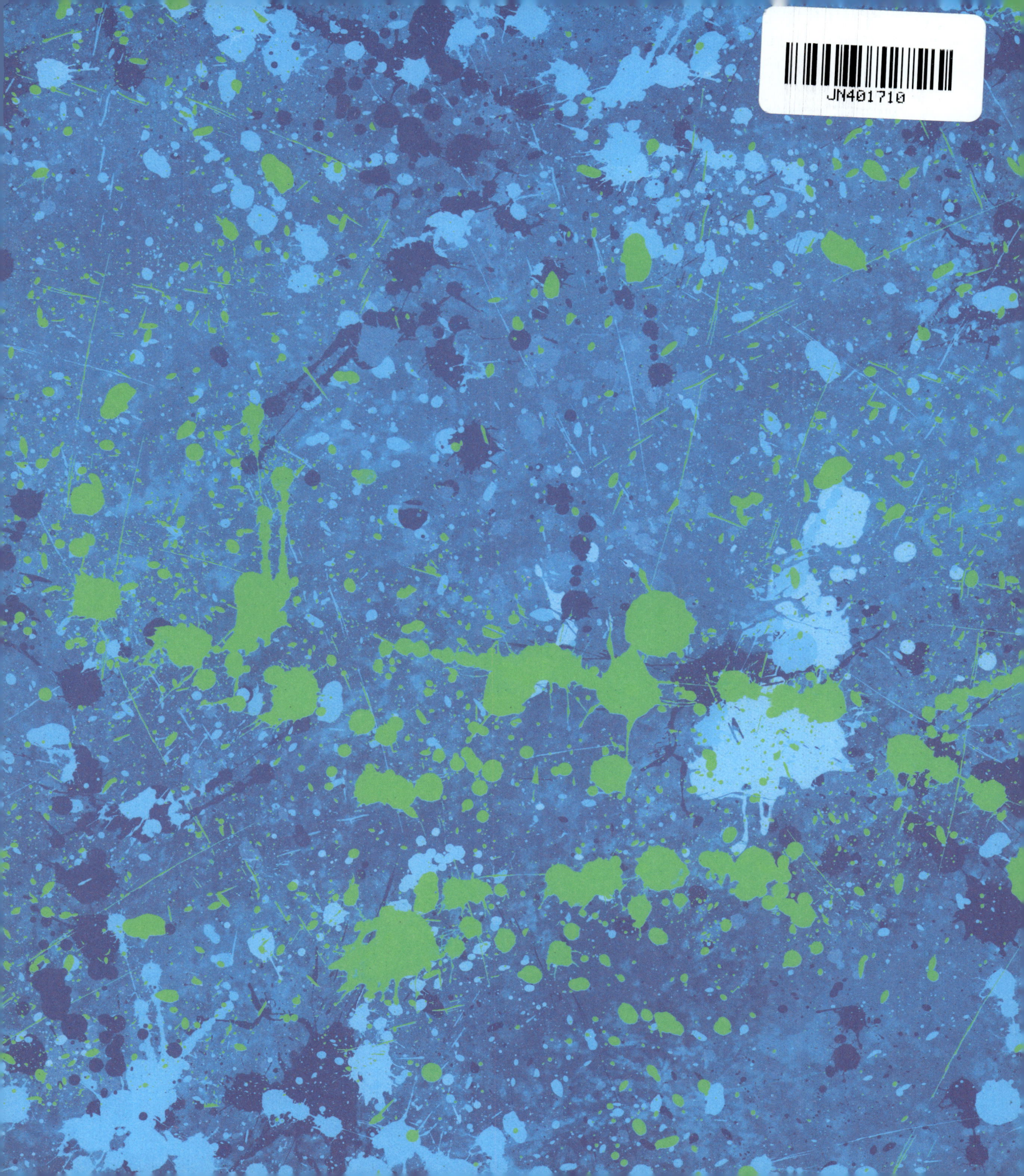

글쓴이 **캐서린 바**는 대학교에서 생태학을 전공하고
그린피스에서 활동하다가 언론을 공부했어요. 이후 자연사 박물관 에디터가 되어
전시회에 필요한 글을 쓰고, 교육 자료를 편집했어요. 그동안 쓴 책으로
《신비하고 아름다운 우주》,《어린이를 위한 첫 세계사》 등이 있어요.

글쓴이 **스티브 윌리엄스**는 웨일스 대학교에서 해양 생물학과
응용 동물학을 공부했어요. 바다에서 8년을 보냈고, 지금은 중학교에서
학생들을 가르쳐요. 천문학에도 조예가 깊고, 꿀벌도 열심히 키워요.

그린이 **에이미 허즈번드**는 리버풀 예술학교에서 그래픽 아트를 공부했어요.
첫 그림책 《디어 미스》(Dear Miss)로 2010년 캠브리지셔 어린이 그림책상을 받았어요.

그린이 **마이크 러브**는 애버리스트위스 예술학교를 졸업한 뒤로, 다양한 작품에 즐겁게 참여하고 있어요.

옮긴이 **황세림**은 대학교에서 미학을 전공하고 대학원에서 비교문학을 공부했어요.
책이 좋고, 원문 고유의 울림이 좋고, 우리말의 무한한 가능성이 좋아서 꾸준히 번역을 하고 있어요.
옮긴 책으로는《지구의 역사가 1년이라면》,《신비하고 아름다운 우주》,《고래가 걸었다고?》 등이 있어요.

기후 변화 이야기

초판 1쇄 2021년 11월 8일 | 초판 3쇄 2023년 3월 13일
글쓴이 캐서린 바, 스티브 윌리엄스 | 그린이 에이미 허즈번드, 마이크 러브 | 옮긴이 황세림 | 펴낸이 황정임
총괄본부장 김영숙 | 편집 이나영, 최진영 | 마케팅 이수빈, 고예찬 | 경영지원 손향숙 | 디자인 이재민, 이선영, 심재원

펴낸곳 도서출판 노란돼지 | 주소 (10880)경기도 파주시 교하로875번길 31-14 1층
전화 (031)942-5379 | 팩스 (031)942-5378 | 등록번호 제406-2009-000091호 | 등록일자 2009년 11월 30일
홈페이지 yellowpig.co.kr | 인스타그램 @yellowpig_pub
ISBN 979-11-5995-273-9 77450 | ⓒ 도서출판 노란돼지 2021

The Story of CLIMATE CHANGE: A First Book About How We Can Help Save Our Planet
Text ⓒ 2021 Catherine Barr and Steve Williams.
Illustrations ⓒ 2021 Amy Husband.
First published in 2021 by Frances Lincoln Children's Books, an imprint of The Quarto Group.
Korean Translation ⓒ Yellowpig 2021
Korean Translation arranged with The Quarto Group though Orange Agency

이 책의 한국어판 저작권은 오렌지에이전시를 통한 The Quarto Group과의 독점 계약으로 "도서출판 노란돼지"에 있습니다.
저작권법에 의해 한국 내에서 보호를 받는 저작물이므로 무단전재와 무단복제를 금합니다.

제조국 대한민국 | **사용연령** 5세 이상 | **주의사항** 종이에 베이거나 긁히지 않도록 조심하세요. 책 모서리가 날카로우니 던지거나 떨어뜨리지 마세요.

기후 변화 이야기

지구가 점점 뜨거워진다고?

캐서린 바·스티브 윌리엄스 지음
에이미 허즈번드·마이크 러브 그림, 황세림 옮김

수십억 년 전에는 지구가 아주 뜨거웠어요.

불덩어리 같은 지구 곳곳에서 시뻘건 용암이 강처럼 흐르고 시커먼 돌덩이가 굴러떨어졌어요. 분화하는 화산에서 먼지구름이 솟구쳐서 하늘을 뒤덮었지요. 유독한 기체들이 소용돌이치며 지구를 감쌌고 원시 대기*를 이루었어요.

* 원시 대기 - 지구에 생긴 최초의 대기. 질소나 이산화탄소가 풍부하고, 산소는 없었다고 해요.

유독한 기체

45억~23억 년 전

이윽고 식물이 번성하면서, 공기 중의 산소도 점점 늘었어요.

산소는 아주 강렬한 햇빛에 맞서 지구를 보호해 주었지요. 이제 동물은 물속뿐만 아니라 땅에서도 살 수 있게 되었어요. 생명은 계속해서 진화했어요.
거대 잠자리가 양치식물에 내려앉고, 양서류가 어기적어기적 물가를 오갔어요.
커다란 전갈과 온갖 벌레는 울창한 숲속을 조르르 기어다녔어요.

23억~3억 년 전 · · · · · · · · ·

새싹은 태양을 향해 쑥쑥 자라고 썩은 식물은 늪 속으로 가라앉았어요.
수억 년에 걸쳐 생명이 순환하면서 죽은 식물은 석탄으로 변했지요.

바다에서는 수명이 다한 박테리아와 조류, 플랑크톤이 밑바닥으로 내려앉았어요.
이 작디작은 생물들이 모래와 진흙에 파묻히고 짓눌려서 서서히 석유와 가스로 변했어요.
석유와 가스, 그리고 석탄은 오늘날 우리가 사용하는 화석 연료예요.

지구의 기후는 수십억 년 동안 일정한 주기로 더워졌다가 추워지기를 되풀이했어요. 지구가 따끈따끈 데워지고 꽁꽁 얼어붙는 과정에서 화석 연료도 더 많이 생겼어요.

지구의 기후는 대체로 무더웠어요. 대기가 담요처럼 지구를 둘러싸고 열을 가두었기 때문이에요. 온실 같은 지구에서 생명이 쑥쑥 자랐어요. 작디작은 박테리아부터 울창한 나무, 활짝 핀 꽃과 덩치 큰 공룡까지 온갖 생물이 번성했어요.

3억~6500만 년 전

세상이 발전하면서 인구는 점점 늘었어요.

사람이 많아지니 집을 짓고 농사를 지을 땅이 점점 많이 필요했지요. 집을 짓기 위해 나무를 베다 보니 숲은 점점 사라졌어요. 사람들은 자꾸자꾸 땅을 개간해서 작물을 심고 소나 양 같은 가축을 키웠어요. 인구가 느는 만큼 식량도 많이 필요하니까요.

1850년대 ~ 현대

과학자들은 습지에서 나오는 메테인 말고도, 먼 옛날 산악 빙하와 두꺼운 바다 얼음에 갇힌 공기 방울을 분석해서 기후 변화의 역사를 연구하고 있어요.

미국 하와이에 있는 마우나로아 관측소에서는 1958년 처음으로 대기 중의 이산화탄소 농도를 측정했어요. 킬링 박사가 그린 그래프를 보면, 이산화탄소 농도가 점점 증가하고 있다는 것을 알 수 있어요. 지구에 갇히는 열도 점점 증가한다는 뜻이지요. 과학자들은 지금도 그래프를 계속 그려 나가고 있어요.
처음 기록을 시작한 킬링 박사의 이름을 따서, 이 그래프를 '킬링 곡선'이라고 해요.

1958년 ~ 오늘날

기후가 변하면 우리 지구는 어떻게 될까요?

기온이 올라가면 바다가 열을 흡수해서 바닷물이 따뜻해져요. 이로 인해 바다 생태계의 균형이 흐트러지지요. 바닷물이 점점 따뜻해지면서 산호초 같은 서식지가 파괴되고, 세계 곳곳의 동식물이 점점 살 곳을 잃어요. 빙하가 녹으면서 육지를 덮은 얼음 평상*이 바다로 점점 빠르게 흘러내리니까, 해수면이 점점 높아져요.

* 얼음 평상 - 바다가 아니라 대륙에 있는 빙하. 산악 빙하가 산악 지역에서 발달하는 빙하라면, 얼음 평상은 대륙을 넓게 덮는 두꺼운 빙하를 말해요.

오늘날

기후 변화는 전 세계에 크나큰 영향을 끼치고 있어요. 허리케인은 날로 거세지고 가뭄은 점점 넓게 퍼지고 강수의 유형이 계속 바뀌니까 지구에서의 삶도 달라지는 거예요.

더운 지역에서는 사막이 점점 넓어지고 있어요. 숲은 점점 말라 가고요. 메마른 숲에서는 불이 잘 나고 순식간에 번져서 연기가 자욱해져요. 바다는 점점 따뜻해지고, 해안 지대는 물에 잠기고, 육지에는 폭풍우가 휘몰아쳐요.

오늘날

기후가 변하면 사람들도 이주할 수밖에 없어요. 많은 사람들이 가뭄과 밀려드는 바다와 질병을 피해서 떠나요. 점점 살기 힘들어지니까 정든 고향을 등지고 더 안전한 곳을 찾아 떠나는 거예요.

홍수와 가뭄이 잦아지면 농부들은 농사를 지을 만한 땅을 새로 찾아 나서거나, 달라진 기상 조건에서도 잘 자라는 새로운 종자를 찾아야 해요.

오늘날

불어난 바닷물은 해안 도시와 마을 안쪽까지 밀려들어 집터도, 일터도 집어삼켜요. 세계 곳곳이 점점 따뜻해지면서 모기가 말라리아 같은 질병을 널리 퍼뜨리고요. 혼잡한 도시에서는 건강 문제가 갈수록 늘어요.

그러다 보면 수많은 사람이 고향을 등지고 떠날 수밖에 없어요. 걸어서든, 자동차나 비행기나 배를 타고서든 말이에요. 새로운 보금자리와 안전한 삶과 식량을 찾아 어쩔 수 없이 떠나는 거예요.

부유한 나라에서는 화석 연료를 태워서 얻는 에너지로 많은 사람이 갖고 싶어 하는 물건을 만들어요. 이를테면 자동차 같은 거지요.

이런 물건을 원하는 사람이 점점 늘고 있어요. 다시 말하면 숲은 사라지고, 사람들은 일자리를 찾아 복잡한 도시로 몰려들고, 쓰레기가 쌓인다는 뜻이에요.

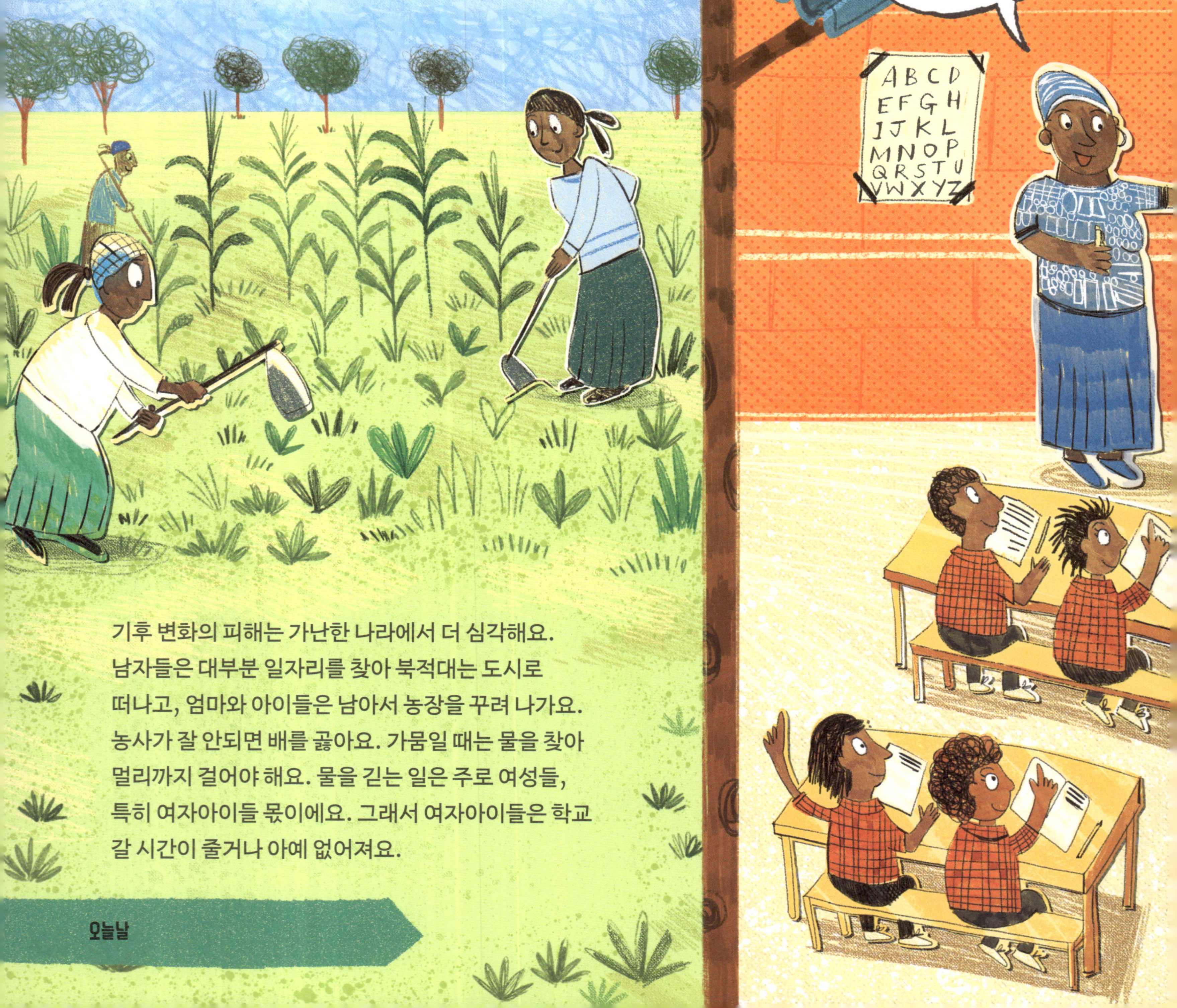

예전에는 언제 비가 올지 예측할 수 있었어요.

기후 변화의 피해는 가난한 나라에서 더 심각해요. 남자들은 대부분 일자리를 찾아 북적대는 도시로 떠나고, 엄마와 아이들은 남아서 농장을 꾸려 나가요. 농사가 잘 안되면 배를 곯아요. 가뭄일 때는 물을 찾아 멀리까지 걸어야 해요. 물을 긷는 일은 주로 여성들, 특히 여자아이들 몫이에요. 그래서 여자아이들은 학교 갈 시간이 줄거나 아예 없어져요.

오늘날

가난한 나라의 여자아이들이 학교에 가면 좋은 점이 많아요.
너무 이른 나이에 결혼하지 않아도 되고, 어른이 돼서 더 건강한 가정을 꾸릴 수 있어요.
교육받은 여성들은 농장도 더 잘 꾸리고, 기후 변화에도 더 잘 대처할 수 있지요.

기후 변화는 누가 일으키는 거지?

바다에 햇빛이 비칠 때면, 아주 작은 해양 식물이 수없이 떠다니며 공기 중의 이산화탄소를 흡수하고 성장해요. 육지에서는 나무가 이산화탄소를 흡수하고 성장하지요. 하지만 숲을 베거나 태워 버리면, 나무에 저장된 탄소가 다시 공중으로 퍼져요. 바다가 따뜻해지면, 지나치게 늘어나는 온실 기체를 흡수하는 능력이 떨어지고요.

공기가 참 맑아!

우리가 힘을 모아 바다를 돌보고 숲을 지키면, 전 세계 기후 변화를 일으키는 온실 기체의 증가를 막을 수 있어요.

사람들이 고기를 덜 먹으면, 세상 곳곳에 있는 열대림을 살릴 수 있어요. 고기를 안 먹고 어떻게 사냐고요? 콩과 채소를 더 많이 먹고, 고기가 안 들어간 대체 식품을 먹으면 돼요. 햄버거를 대신하는 식물성 버거나 채소 파이 같은 색다른 먹거리가 점점 개발되는데, 맛도 있고 숲을 보호하는 일에도 도움이 되지요. 이런 노력과 실천이 기후 변화에 맞서 싸우는 데 참 중요해요.

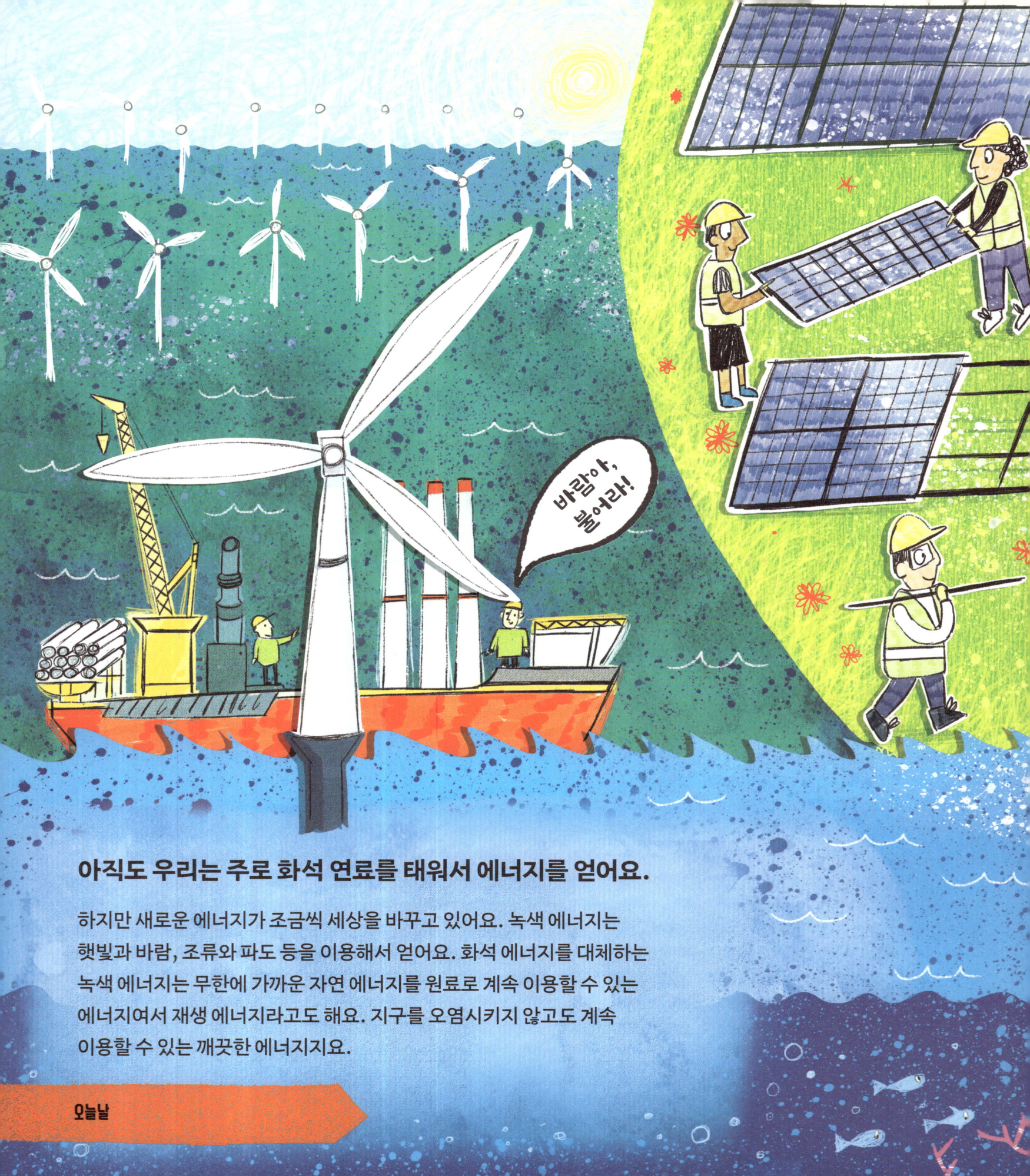

아직도 우리는 주로 화석 연료를 태워서 에너지를 얻어요.

하지만 새로운 에너지가 조금씩 세상을 바꾸고 있어요. 녹색 에너지는 햇빛과 바람, 조류와 파도 등을 이용해서 얻어요. 화석 에너지를 대체하는 녹색 에너지는 무한에 가까운 자연 에너지를 원료로 계속 이용할 수 있는 에너지여서 재생 에너지라고도 해요. 지구를 오염시키지 않고도 계속 이용할 수 있는 깨끗한 에너지지요.

오늘날

우리는 매일 에너지를 이용해요. 에너지를 이용해서 이동도 하고 물건도 만들고 전깃불도 켜고 난방도 하지요. 그런데 건물을 지을 대 처음부터 열을 붙잡아 두는 구조로 지으면 에너지를 많이 절약할 수 있어요. 친환경 주택을 짓고 자전거를 타고 대체 연료를 사용하는 등 자연을 더럽히지 않는 녹색 에너지를 두루 활용해서 기후 변화에 맞서 싸울 수 있어요.

햇빛은 소중하죠!

파도를 이용하자.

전 세계 과학자들은 인류가 기후 변화를 일으키고 있다는 사실을 입증했어요.

과학자들은 기후 변화를 둘러싼 정보를 모으고 지식을 공유하고 미래를 내다보며, 지구를 더 이상 망가뜨리지 않으려면 어떻게 해야 하는지 방법을 제안해요.

그레타 툰베리*를 비롯한 수많은 아이들도 목소리를 내고 있어요. 어린 활동가들은 기후 변화의 위협에 맞서 용감하게 문제를 제기하고 주장을 펼쳐요. 어린이도 지구를 걱정한다고 어른들에게 소리 높여 이야기하지요.

* 그레타 툰베리 - 스웨덴의 환경 운동가예요. 일찍부터 기후 변화의 심각함을 깨닫고 15세에 본격적으로 환경 운동을 시작했어요. 청소년이 주축이 되어 기후 변화에 맞선 대응과 실천을 촉구하는 '미래를 위한 금요일' 캠페인을 이끌었어요.

오늘날

어린 활동가와 과학자들은 녹색 에너지를 사용하고, 지속 가능한 농업을 지지하고, 소비와 낭비를 줄이고, 자연 보호에 더 힘써 달라고 당부하고 있어요. 그러면 사람들이 빚은 지구의 위기를 끝낼 수 있어요.

45억~23억 년 전　　　　　23억~3억 년 전

알아 두면 좋은 환경 용어

대기 - 지구나 다른 행성을 둘러싸고 있는 여러 기체.

소행성 - 암석과 금속으로 이루어진 덩어리로, 태양 주위를 돈다.

남조류 - 아주 작은 생물로, 햇빛과 이산화탄소를 이용해서 스스로 영양분을 만들어 낸다.

이산화탄소(CO_2) - 지구상의 식물이 영양분을 만드는 데 이용하는 온실 기체. 화석 연료를 태울 때 공기 중으로 다시 나온다.

기후 변화 - 화석 연료를 태우는 등 인간의 여러 활동 때문에 최근 나타나는 전 세계적인 기상 변화.

기후 비상사태 - 전 세계적인 기후 변화로 지구상의 수많은 생물이 생존을 위협받는 상황.

혜성 - 얼음과 암석, 먼지로 이루어진 천체.

진화 - 생물이 오랜 시간에 걸쳐 변화하는 과정. 하나의 종이 새로운 종으로 진화하기도 한다.

멸종 - 한 생물종이 모두 죽어서 영영 사라지는 것.

화석 연료 - 화석화된 식물과 동물에서 얻는 천연연료. 석탄, 석유, 천연가스 등이 있다.

온실 효과 - 이산화탄소와 메테인 같은 온실 기체가 대기 중에 열을 붙잡아 두어 지구가 따뜻해지는 현상.

온실 기체(온실가스) - 태양열을 대기 중에 붙잡아 두어 지구 온난화를 가속하는 기체를 통틀어 일컫는 말.

메테인(메탄) - 온실 기체. 오늘날 대기 중에 있는 메테인은 대부분 사람들의 활동으로 발생한다.

| 3억~6500만 년 전 | 6500만 년 전~약 1850년대 | 1850년대~현대 |

1958년~오늘날

오늘날

오늘날

이주 - 사람을 비롯한 생물이 살아가는 데 알맞은 조건을 찾아 떠나는 것.

산소(O_2) - 색깔도, 냄새도 없는 기체. 식물이 만들어 낸다.
생물은 대부분 산소를 마셔야 살 수 있다.

플랑크톤 - 민물이나 바닷물에 사는 아주 작은 생물.
식물 플랑크톤도 있고, 동물 플랑크톤도 있다.

재생 에너지 - 태양, 바람, 물 등 자연을 이용해서 얻는 에너지.
자연에서 꾸준히 얻을 수 있는 깨끗한 에너지다.

지속 가능성 - 자원을 다 써서 없애거나 자연 생태계를 파괴하지 않는 선에서
천연자원을 꾸준히 균형 있게 이용하는 것.

| 오늘날 | 오늘날 |

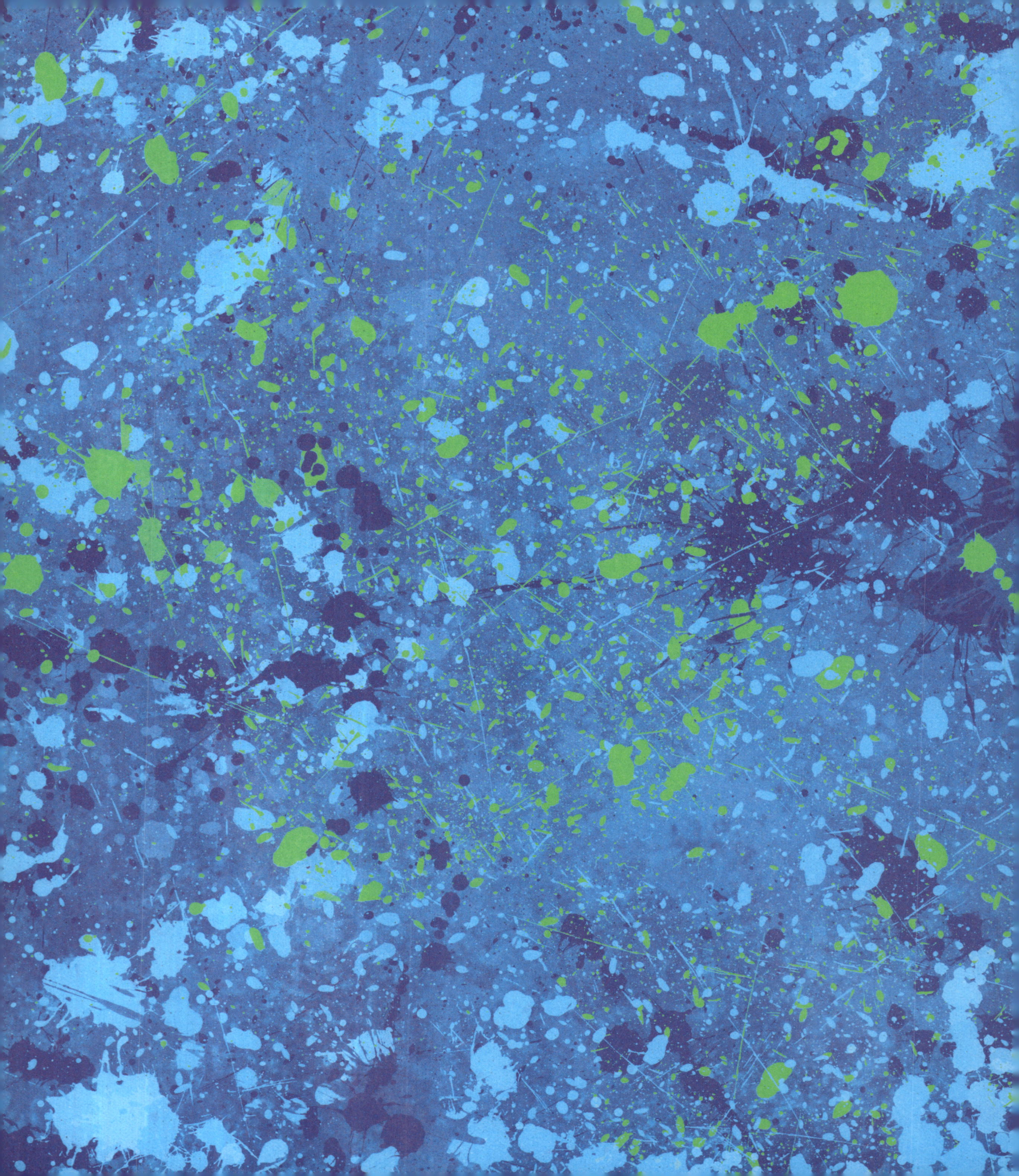